BARREAU DE LYON

OUVERTURE DE LA CONFÉRENCE

LA
LUTTE POUR LE DROIT

DISCOURS DE RENTRÉE

Prononcé à la Séance du 7 Décembre 1885

PAR

GEORGES SERULLAZ

Avocat licencié ès lettres

LYON

IMPRIMERIE MOUGIN-RUSAND

3, Rue Stella, 3

1885

LA
LUTTE POUR LE DROIT

BARREAU DE LYON

OUVERTURE DE LA CONFÉRENCE

LA
LUTTE POUR LE DROIT

DISCOURS DE RENTRÉE

Prononcé à la Séance du 7 Décembre 1885

PAR

GEORGES SERULLAZ

Avocat licencié ès lettres

LYON
IMPRIMERIE MOUGIN-RUSAND
3. Rue Stella, 3

—

1885

DISCOURS DE RENTRÉE

DE LA

CONFÉRENCE DES AVOCATS STAGIAIRES

Prononcé à la Séance du 7 Décembre 1885

> « Ne commets pas d'in'ustice »
> « N'en souffre aucune. »
> *(Ihering Kampf für Recht)*

Monsieur le Batonnier,
Messieurs de l'Ordre,
Messieurs et chers Confrères,

J'ai accepté le périlleux honneur qui m'était offert ; je l'ai accepté avec reconnaissance, mais aussi, je dois peut-être l'avouer, avec une vague appréhension.

Je ne me sentais, en effet, ni assez de science pour entreprendre l'étude d'une des Institutions de notre Code, ni même assez de maturité d'esprit pour juger un homme et son œuvre, sujets consacrés par l'usage.

D'autre part, l'éloge de notre Ordre n'est plus à faire ; ses traditions, ses règles, précieux héritage du passé, ont été maintes et maintes fois exaltées devant vous : l'encens, quelque pur qu'il soit, finit à la longue par importuner. Nos travers aussi, puisqu'il paraît que nous en avons, ont été déjà relevés par la plume fine et spirituelle d'un jeune stagiaire, auquel l'avenir réservait de grandes destinées (1).

La mine était donc épuisée et j'ai dû me rejeter sur ce qu'on appelle, je crois, un sujet général : *La lutte pour le Droit*.

Je ne me le dissimule pas d'ailleurs ; des hommes pratiques, uniquement épris des subtiles discussions de textes et des obscures difficultés de la procédure, blâmeraient ce choix, trouvant la question dépourvue d'intérêt comme d'utilité. Mais de vous, Messieurs, je n'ai pas à redouter un semblable reproche.

Le Barreau se plaît, en effet, aux incursions de l'esprit dans le domaine des lettres et de la philosophie. L'avocat n'est pas un simple homme d'affaires : ses vues sont plus larges, ses connaissances plus variées, ses habitudes intellectuelles plus élevées. Mieux que tout autre, sans doute, le sujet d'aujourd'hui semblait fait pour donner satisfaction à ces nobles penchants qui nous entraînent loin du terre-à-terre de la basse chicane : puisse l'insuffisance de l'auteur ne pas faire regretter la témérité de l'entreprise !

---

1. M. Victor de Laprade. — Discours de rentrée du stage : *Les habitudes intellectuelles de l'avocat.*

La lutte pour le Droit, ce titre seul éveille dans l'esprit une multitude d'idées, confuses d'abord et fuyantes, que la réflexion parvient ensuite à isoler et à fixer.

Préciser ces idées, en leur donnant une forme matérielle, les classer, les ordonner, tel sera l'objet de ce travail, pour lequel j'ai besoin de tant d'indulgence.

Je ne puis, hélas! en commençant, m'écrier fièrement avec le poète : *Avia peragro loca* (2). Sous le titre que j'usurpe, un savant jurisconsulte allemand, Ihering (3), a déjà publié un véritable morceau de psychologie légale, où les remarques piquantes et familières du critique s'allient aux conceptions hardies et généreuses du philosophe.

Avec un pareil guide à mes côtés, je n'aurais eu la crainte de faire fausse route. Pourquoi n'ai-je pas suivi, en aveugle, le plan si simple et si logique qu'il m'avait tracé? Vous me le reprocherez sans doute, Messieurs.

Peut-être ai-je trop redouté l'accusation de plagiat ; peut-être aussi ai-je pensé que la formule, parfois un peu technique dont l'auteur allemand revêt ses idées, la subtilité de son raisonnement convenaient mal à l'esprit français, moins amoureux de l'abstraction et impatient de découvrir le sens sous les mots qui semblent vouloir le dissimuler.

---

2. Lucrèce.

3. *Kampf für Recht*, par le docteur Rodolphe Von Ihering.

Le Droit, Messieurs, sous quelque forme qu'il se manifeste, qu'il soit encore à l'état de simple coutume, ou même qu'il soit déjà confiné dans les étroites limites d'un texte, se réduit toujours au combat contre l'injustice. C'est là son essence, son but et sa fin. La loi, dit Bastiat, c'est la force commune organisée pour faire obstacle à l'injustice, et, pour abréger, la loi c'est la justice.

Il y a lieu, dès lors, de s'étonner de ces maximes singulières, qu'on rencontre si fréquemment et que la foule aime à répéter sans bien en saisir la portée : *summum jus, summa injuria, la loi est la force du péché* (4), *les hommes ne pouvant faire que ce qui est juste fût fort, ont fait que ce qui est fort fût juste* (5) : toutes maximes qui ne me semblent avoir d'autre avantage que celui de servir de consolation à quelques plaideurs malheureux.

Non, la loi n'est pas la force du péché ; assurément son domaine n'est pas aussi étendu que le domaine de la morale, *latius officiorum quam juris patet regula* (6), mais il en constitue une partie intégrante, il y est en quelque sorte enclavé.

Une loi qui s'insurgerait contre l'ordre moral porterait en soi sa propre condamnation. De telles lois ont existé : l'histoire est malheureusement là pour nous l'apprendre ; mais elles ont été éphémères, elles ont disparu emportées par le courant

---

4. Saint Paul.
5. Pascal : *Pensées*, première partie, IX.
6. Sénèque : p. 190. 5. 11 — De benef.

de l'opinion. « Pour qu'une loi soit respectée il faut qu'elle soit respectable (7). »

Il serait également inexact de dire que ce qui est fort est par cela même et nécessairement juste ; car si la Justice tient dans sa main le Glaive — symbole de la force — elle tient également la Balance, qui pèse le Droit : le Glaive sans la Balance, c'est la force brutale ; la Balance sans le Glaive, l'impuissance (8).

J'ai tenu à faire raison de ces formules dangereuses, parce qu'elles ne peuvent qu'énerver et affaiblir le sentiment légal dans l'âme d'un peuple. Et puis, si le Droit n'était qu'une nomenclature de prescriptions arbitraires, qu'un ensemble de principes imposés par la violence au service du hasard, serait-ce donc un devoir, impérieux pour nous, de lutter de toute notre énergie pour le faire respecter, de combattre de tout notre courage à en poursuivre la réalisation ?

Et pourtant ce devoir existe : sans doute il n'est écrit sur aucune page de nos Codes ; sans doute encore il n'est mentionné dans aucune de nos Constitutions ; mais notre conscience nous le révèle, et notre raison nous commande de l'observer fidèlement.

Tout être doit se défendre : c'est là une loi natu-

---

7. Fr. Bastiat.

8. Pascal avait dit déjà : La justice sans la force est impuissante ; la puissance sans la justice est tyrannique. La justice sans la force est contredite ; la force sans la justice est accusée.

relle, commune à l'homme comme au plus humble
d'entre les animaux. Nul n'a le droit de sacrifier
sa vie, parce que cette vie lui a été donnée pour
accomplir une destinée, pour atteindre un but
déterminé. Aussi, en montant, de même qu'en
descendant l'échelle de la création, partout nous
retrouvons cette lutte, tantôt intelligente et rai-
sonnée, tantôt instinctive et brutale, de l'individu
pour sa conservation physique : lutte incessante,
implacable que Darwin (9) a immortalisée, je
dirai presque poétisée sous le nom de *Lutte pour
l'existence.*

Le monde n'est qu'un immense champ de bataille, où la vie est l'enjeu de la victoire. Dans cette
mêlée sans issue, où chaque être, si infime qu'il
soit, se débat confusément, la pitié est inconnue
comme la peur. Le vaincu doit disparaître ; la
force seule assure le triomphe.

Mais détournons les yeux de ce spectacle attris-
tant.

Si l'homme doit, lui aussi, entrer dans la lice
pour y défendre sa vie, parce que cette vie lui
appartient, selon l'énergique expression de Montesquieu, il a une autre lutte, plus noble cette fois
et moins cruelle, à soutenir. Il doit combattre pour
sa propre personnalité, pour son existence morale,
dont la condition essentielle et nécessaire est le
Droit.

Le Droit est, en effet, à cette existence morale

---

9. Charles Darwin : l'*Origine des espèces.*

qui fait la grandeur de l'homme, ce que le sang est au corps.

C'est le sang qui dispense la vie à l'organisme, comme c'est l'ensemble des droits qui constitue la personnalité humaine. « La personnalité, » dit Puchta, « est une possibilité subjective de volonté juridique » (10). Or une pareille volonté ne saurait exister en l'absence du droit lui-même.

L'homme sans droits est une véritable chose. Il est ravalé au niveau de la brute. Aussi les Romains, avec leur implacable logique, assimilaient-ils aux animaux domestiques l'esclave que Caton, un sage d'alors cependant, vendait avec les vieilles ferrailles.

L'ennemi (*hostis* ou *barbarus*) était traité comme l'esclave, car lui aussi était hors la loi.

Ses biens étaient *res nullius*, sa personne à la disposition du premier occupant : *Adversus hostem œterna auctoritas.*

Et sans remonter aussi loin dans l'histoire, nous trouvons cette même idée consacrée aujourd'hui encore par la législation turque :

Les biens des Herbi, c'est-à-dire de tous les infidèles qui, n'ayant pas fait leur soumission, ne supportent point l'impôt (Djezijeh), sont, ainsi que leurs personnes, légalement concédés, en propriété libre, aux mulsumans (11).

Nous pourrions multiplier les exemples ; mais il

---

10. *Pandectes,* § 22.
11. Von Tornauw : *Das mosl. Recht.*

suffit, pour comprendre l'horrible condition de l'homme sans droits, de prêter l'oreille aux lamentations des exilés de l'antiquité.

Cet indicible effroi, que l'exil inspirait aux natures les mieux trempées, n'était, hélas! que trop justifié!

De là cette singulière coutume de permettre aux criminels eux-mêmes de se dérober par une expatriation volontaire à toute accusation capitale.

Que de fois aussi n'avons-nous pas reproché à Ovide (12), sa lâcheté et sa faiblesse (c'était, il m'en souvient, un sujet classique de discours). Avant nous déjà, nombre de littérateurs indignés lui avaient fait un crime de n'avoir pas su garder la dignité de l'infortune et la majesté du malheur.

« Il est mort sans courage, » disent-ils dédaigneusement, » la plainte à la bouche, le désespoir dans le cœur, les larmes dans les yeux, en implorant encore le Monstre sourd à sa prière (13). »

Certes, Messieurs, il faut l'avouer, on est pris de pitié en comparant la figure suppliante et désolée du poète latin, avec la fière et hautaine attitude de ces grands exilés de notre siècle, dont les noms respectés sont dans toutes les bouches.

Mais ne nous faisons pas d'ailleurs illusion. L'exil de nos jours n'est plus que l'ombre de celui de l'antiquité.

L'exilé reste un homme, sa personne est sacrée, ses droits sont respectés : sa peine n'est qu'une

---

12. Exilé par Auguste.
13. Jules Janin.

peine essentiellement morale : la nostalgie du pays natal. Combien différent était le sort du proscrit des temps anciens! Au seuil de sa patrie, il laissait tout ce qui lui était cher : son foyer, le culte des dieux domestiques, sa famille vouée désormais au mépris et à la honte (14). Il lui fallait quitter sa qualité d'homme pour entrer sans protection et sans droits dans cette destinée à part que Chateaubriand appelle énergiquement : « la destinée des misérables ». Errant, vagabond, traqué de toutes parts comme une bête fauve, sa vie et sa liberté dépendaient du hasard ou du caprice.

Voilà, Messieurs, ce qu'était l'homme sans droits; voilà aussi ce que fut l'homme primitif, alors que la civilisation n'avait pas encore commencé son œuvre bienfaisante.

Il a fallu, en effet, à l'humanité, un puissant effort pour secouer les langes de la barbarie, pour découvrir et réaliser ces grandes conceptions juridiques, si brillantes de vérité qu'elles nous semblent avoir été l'apanage de tous les temps et de tous les peuples. « *Semina nobis scientiæ natura dedit, scientiam non dedit* (15) », dit Sénèque. Ce que l'illustre penseur dit de la science en général, nous pouvons le dire également du Droit.

Aujourd'hui, pourtant, que chacun a conscience des droits impérissables que lui confère sa simple

---

14. On insulta la femme d'Ovide, en l'appelant : *exulis uxorem.* Le poète se venge dans une pièce de vers intitulée : *Ibis.*

15. Sénèque : ép. 120.

qualité d'homme, l'esprit peut à peine concevoir un temps où la violence tranchait seule les conflits et réglait les rapports des individus entre eux, où la raison du plus fort était toujours et fatalement la meilleure.

On se figure volontiers l'homme naissant armé de ses droits comme Pallas de son bouclier.

Cette singulière opinion, déjà fort en vogue dans l'antiquité, fut acceptée sans contrôle par le XVIIIe siècle, grâce à la prodigieuse influence d'un utopiste fameux : j'ai nommé Rousseau ! (16). Maintenant elle est tombée dans un complet discrédit, fait assurément remarquable, étant donnée l'extrême vitalité de toute erreur subjective.

Nous combattrons cette idée, Messieurs, non seulement parce qu'elle est démentie par les données de la science, mais encore parce qu'elle est en contradiction avec ce principe d'éternelle vérité qui veut que chaque conquête, chaque progrès soit acquis au prix de l'effort et du travail.

Les philosophes, l'expérience est là pour nous l'apprendre, aiment à entourer le berceau des grandes institutions, dont s'honore l'Humanité, d'un inextricable réseau de conjectures et d'hypothèses. Ne nous étonnons donc pas outre mesure de voir le Droit obéir à la loi commune.

Que de théories ingénieuses sur sa naissance ! Que de systèmes divers sur son origine !

---

16. Discours sur l'origine de l'inégalité des hommes : *Contrat social.*

Mais rassurez-vous, Messieurs, notre court programme ne nous permet pas d'entamer sur un pareil thème des controverses sans fin comme sans intérêt.

Bornons-nous à constater que presque tous les systèmes en présence admettent l'existence d'un état, dit de nature, antérieur à la constitution des sociétés, état dont l'homme ne serait sorti, d'après Locke, qu'en signant le contrat social.

Mais qu'était donc l'homme dans cet état de nature ? Ici les commentateurs se divisent et les contradictions abondent.

Suivant Hobbes, l'homme de la nature est intrépide et belliqueux ; la guerre est son élément aucune règle de conduite, aucune contrainte légale ne tempère sa férocité instinctive : « *homo homini lupus* ».

Suivant Cumberland (17) et Puffendorf (18),il est au contraire timide et craintif, ce qui permet à Rousseau d'émettre la chimérique pensée d'une paix universelle entre les habitants de la terre primitive.

Quel que soit, d'ailleurs, le point de vue auquel chaque auteur se place, tous sont d'accord à conclure qu'un abîme immense séparait l'enfant de la nature de l'homme en société.

L'homme est né bon, c'est-à-dire que son instinct, son sentiment non altéré le pousse sponta-

---

17. *Traité des lois naturelles.*
18. *Du droit de la nature et des gens.*

nément au bien, c'est là pour eux un article de foi que Hobbes seul osa contester.

Fourrier et Saint-Simon feront plus tard de cette maxime la base même de leurs systèmes. L'homme est né bon, et il est resté tel sous le septre austère de la nature, jusqu'à ce que la société soit venue le corrompre et le pervertir.

La société, voilà le péché mortel de l'Humanité ! Voilà la cause fatale de sa déchéance ! Avec le pacte social se sont fermées à jamais les portes de l'Eden. Aujourd'hui, Messieurs, le lecteur se contente de sourire devant ce tableau idéalisé du passé, qui faisait regretter spirituellement à Voltaire de ne plus marcher à quatre pattes.

On ne saurait croire cependant la fascination inouïe qu'exerça, de tous temps et sur les esprits les plus éclairés, cette conception mythologique d'un état de nature orné par l'imagination de toutes les vertus.

Vivre selon la nature, c'est-à-dire revenir à cette condition antérieure, dont l'homme n'avait pu s'écarter qu'en perdant sa simplicité et son innocence première, fut considéré comme une règle de suprême sagesse. Cette règle, la secte stoïcienne s'en empara même pour l'élever à la hauteur d'un dogme philosophique.

Mais il fallait aussi découvrir un ensemble de principes en harmonie avec cet état non historique et antesocial par lequel avait passé le genre humain.

On inventa alors, de toutes pièces, le Code conjectural de la nature, où vinrent se réunir et se grouper toutes ces grandes vérités morales, tous ces grands axiomes juridiques, qui, pour n'être inscrits nulle part dans le droit traditionnel, nous sont révélés par le raisonnement, l'expérience et le sentiment intime de la justice.

Cette tendance à rechercher, dans le creux du passé, un type pur dont le Droit s'était éloigné pour une cause inconnue ; cette étrange affectation à considérer tout progrès des lois comme un retour à la perfection perdue, se manifeste clairement, non seulement chez les jurisconsultes anciens, mais encore chez les jurisconsultes des derniers siècles.

De là ce respect presque superstitieux de l'anti-quité pour ces « lois aux pieds élevés » entourant, selon Sophocle, le trône de Jupiter, pour ces « lois non écrites » auxquelles, d'après le témoignage même de Thucydide, les Tribunaux athéniens n'hésitaient jamais à sacrifier leurs lois positives.

De là aussi cette admiration un peu naïve du moyen-âge pour toute proposition générale, pour toute formule simple, qui semblait être une émanation de ce corps de lois idéales données par le Créateur aux premiers hommes (19).

Mais laissons de côté ces légendes aussi séduisantes que mensongères, qui nous montrent le Droit s'épanouissant sans culture comme la fleur

---

19. Voir l'intéressant ouvrage de Henri Summer Maine : l'*Ancien droit*, auquel j'emprunte plusieurs de ces idées.

2

des champs, et se développant sans heurt et sans secousse, par le seul pouvoir de la persuasion légale. A la théorie de la génération spontanée du Droit, nous voulons opposer la théorie plus noble de la conquête du Droit, par l'effort incessant de l'homme. par le travail accumulé des races se succédant sans interruption, par la lutte plus que séculaire des peuples.

Le Droit n'est point le produit d'une puissance créatrice mystérieuse ; c'est un fragment de la pensée humaine : c'est l'inestimable récompense de nos labeurs.

L'effort, tel est déjà le beau principe que Maine de Biran avait placé en tête de son œuvre philosophique : c'est par lui que l'homme prend conscience de son être et communique avec le monde extérieur. L'effort, tel sera aussi pour nous la source de toute institution, de toute loi.

C'est par lui en effet que l'homme est parvenu à se faire reconnaître les droits nécessaires au développement de sa personnalité.

L'individu dans les premiers âges, nous l'avons dit tout à l'heure, n'avait aucun droit, ou plutôt il pourvoyait lui-même à son droit comme aujourd'hui il pourvoit à son travail.

Sa vie n'avait guère plus de prix, aux yeux de ses semblables, que la vie de l'animal : sa propriété n'était respectée qu'autant qu'il pouvait la défendre contre les agressions continuelles de ses voisins.

Certes, si chacun fût alors resté paresseux et

oisif, on peut supposer, selon toute vraisemblance et malgré les assertions contraires de certains auteurs, que la Justice en personne n'eût pas fait soudaine apparition sur la terre comme le *deus ex machinâ* pour y proclamer l'égalité des hommes, l'inviolabilité de leur vie et de leur propriété.

Dans un terrain aussi mal disposé, le Droit ne se serait pas non plus développé, insciemment, somnambuliquement, comme le pense Savigny, par la force secrète de la vérité, par la puissance de la persuasion. (20)

Une règle de droit ne naît pas avec la même simplicité qu'une règle de grammaire : on accepte l'une volontiers, tandis que l'autre doit être imposée par le combat à ceux qui la repoussent.

C'est pourquoi l'analogie, que le savant auteur allemand prétend établir entre le langage d'une part et le Droit de l'autre, nous semble tout au moins fort discutable.

Le langage s'épure en effet et se perfectionne sans de bien grandes difficultés. Les mots se renouvellent ou tombent en désuétude, sans laisser de trop amers regrets, sans soulever de trop vives protestations. Assurément des discussions peuvent surgir, mais l'orage gronde alors dans les sphères élevées de la littérature, dans ces *templa serena* inaccessibles aux profanes. Le sang d'ailleurs coule rarement.

---

20. Savigny : *Uber den Beruf unserer zeit zur Gesetzgebung und Rechtswissenchaft* (Berlin 1814). Voir aussi Puchta : *Théorie du Droit coutumier.*

Les choses ne se passent plus ainsi dans le domaine du Droit.

Une institution ne se modifie pas sans blesser les intérêts privés de milliers d'individus, de classes entières parfois.

De là ces luttes terribles, implacables, auxquelles l'histoire nous fait assister. Souvent la lutte durera plusieurs siècles, quelquefois aussi, après une longue incubation pacifique, le principe nouveau ou rajeuni sera volcaniquement lancé au dehors par la révolution impatiente de tous obstacles.

Pareillement, Messieurs, une institution vieillie, décriée, ne tombe point d'elle-même, comme le fruit trop mûr : non que la *vis inertiæ* la maintienne; mais la force, autrement redoutable, des préjugés, de l'obstination, de l'égoïsme s'oppose à sa chute.

Cette prétendue analogie entre le Droit et le langage n'est donc, vous le voyez, Messieurs, qu'une analogie apparente.

Non, le Droit n'a pas été créé de toutes pièces, pas plus qu'il ne s'est créé de lui-même. Il a fallu le découvrir et le réaliser au prix d'immenses labeurs. La sueur et le sang de l'homme s'attachent à sa naissance.

Jetons les yeux sur l'histoire et nous verrons que nos plus belles institutions n'ont vu le jour qu'après un long et douloureux enfantement.

L'ordre éternel n'a pas de ces rapidités.
Jehovah..............................
Veut que l'œuvre soit lente...........

Dit Victor Hugo (21), nous ajouterons : et méritée par le travail.

Combien d'efforts pour faire entrer dans le domaine des lois positives cette grande vérité morale de la liberté de l'homme !

Des millions d'esclaves ont gémi dans les fers, pendant que le principe incontesté de la liberté humaine était déjà dans toutes les bouches.

Platon l'émet hardiment, lorsqu'il condamne l'esclavage comme un fait de violence. Après lui Sénèque est encore plus affirmatif. —« Ne sommes-nous pas tous enfants du même père », s'écrie-t-il, « sénateurs, chevaliers ou esclaves, c'est l'accident, le vêtement pour ainsi dire (22). »

L'idée a fait désormais son apparition, mais elle restera confinée longtemps encore dans les régions spéculatives et lorsque les jurisconsultes du temps des Antonins disaient : « *Omnes homines naturâ æquales sunt,* » ils n'entendaient assurément pas énoncer une règle pratique, ni même critiquer l'ordre social consacrant l'inégalité.

L'idée est née, mais il faut la réaliser pratiquement : alors commence la lutte ardente de l'homme pour arriver à se faire reconnaître légalement la propriété de sa propre personne.

L'histoire, la philosophie ont travaillé des milliers d'années et des fleuves de sang ont dû couler pour donner satisfaction à cette légitime ambition.

---

21. *Légende des siècles* : Le Cèdre.
22. Sénèque : lettre 32.

Loin de moi, Messieurs, le téméraire désir de vous faire assister à toutes les péripéties de la lutte, de retracer les victoires et les revers de la sainte cause de l'émancipation. Loin de moi également la pensée de reprendre le procès vieilli de l'esclavage. Mon seul but ici est de suivre à grands pas les laborieux progrès d'un principe à travers le passé.

Signalons donc d'un mot les généreuses tentatives d'Alexandre III, de Louis le Hutin (23), qui, devançant de plus de quatre siècles la Révolution, proclame au nom du droit naturel l'affranchissement des serfs du domaine royal.

Applaudissons aussi aux courageux efforts des légistes et des philosophes, ces grands vulgarisateurs d'idées aux XVIIe et XVIIIe siècles.

Il a fallu, hélas! la terrible tourmente de 1789, pour briser les derniers obstacles qui s'opposaient au triomphe du principe formulé par Platon et par Sénèque.

Ainsi la France a mis plus de quatorze cents ans pour arriver à inscrire, sur le fronton de son édifice légal, cette vérité que nul ne songe aujourd'hui à contester : *l'homme est libre.*

Et, Messieurs, étrange contradiction! nous voyons pendant près d'un siècle encore s'agiter la singulière question de savoir si cette vérité est universelle, si elle est applicable à tous les membres de la grande famille humaine.

---

23. Comme, selon le droit de nature, chacun doit naistre franc.....

Souvenons-nous que ce n'est qu'en 1833, grâce aux efforts antérieurs des Clarkson et des Ch. Fox, que lord Stanley fit accepter par le Parlement anglais un bill d'émancipation générale, maintenue depuis, malgré les amères critiques du *Times* et de l'*Economist*.

Souvenons-nous aussi que ce n'est qu'en 1848 que la France suivit noblement l'exemple de l'Angleterre, sans obéir comme eette dernière à de mesquines considérations politiques. L'Amérique enfin a clos, sur les champs de bataille de *Murfreesboroug* et de *Chattanooga*, je ne cite que les holocaustes, ce vaste duel entre le progrès et la barbarie.

Aujourd'hui la hideuse Institution, traquée de toutes parts, tend à disparaître, et la civilisation a démenti ce mot fameux d'Aristote : « Si la navette marchait seule, on pourrait se passer d'esclaves. »

Le principe a triomphé, mais qui pourrait calculer les forces dépensées dans cette lutte gigantesque; qui pourrait jauger le sang répandu! Disons tristement avec le poète :

Ne mesurons pas la perte à l'offrande.

Si le devoir nous ordonne de défendre notre liberté comme notre vie, et même plus que notre vie, le devoir nous ordonne également, Messieurs, de n'agir que suivant nos croyances et nos convictions. Par là nous sommes investis de ce droit inestimable qui a pour nom *la liberté de conscience* : droit si longtemps dénié et si nouvellement reconnu, que nous l'avons vu contester au début même de ce siècle.

Que d'efforts ! Que d'années pour le réaliser et le faire entrer dans les mœurs de notre pays !

« Combien de sang, combien de larmes n'a pas coûté au monde la liberté de conscience depuis que l'Humanité la réclame! » s'écrie M. Frank (24).

Mais parlerai-je maintenant des persécutions, des guerres, des massacres autorisés, justifiés quelquefois par les passions religieuses ; rappellerai-je les cachots et les supplices des Tribunaux inquisitionnaires ? Permettez-moi de vous dire que je n'en ai ni le temps ni même l'envie. Je vous renvoie à cette page éloquente entre toutes, due à la plume de Montesquieu (25) : « La très humble remontrance aux inquisiteurs d'Espagne et de Portugal. »

C'est la voix révoltée de la raison et de la justice qui parle ; c'est le cri sublime de l'humanité qui se fait entendre !

L'opinion publique, d'ailleurs, commençait à protester contre toutes les rigueurs commises sous le couvert de la religion, lorsque Locke prit en main la défense du principe de la liberté de conscience (26). « Dieu n'a pas confié le soin des âmes « au magistrat civil plutôt qu'à toute autre personne, et il ne paraît pas qu'il ait autorisé

---

24. *Dictionnaire de philosophie.*
25. Montesquieu : *Esprit des lois.*
26. Locke : *Lettre sur la tolérance*, adressée à Phil. van Limborck, publiée en 1689.

« jamais aucun homme à forcer les autres de rece-
« voir sa religion, » écrit-il, et ailleurs :

« Si les infidèles devaient être convertis par la
« force, il était beaucoup plus facile à Jésus-Christ
« d'en venir à bout avec ses légions célestes, qu'à
« aucun fils de l'Eglise (allusion évidente à
« Louis XIV), avec tous ses dragons. »

Ces maximes sont universellement acceptées
aujourd'hui, mais on ne songe guère à ce qu'il
fallait de courage pour les formuler alors.

La tolérance religieuse professée par l'illustre
philosophe anglais s'étend, Messieurs, à toutes les
sectes, sauf aux athées ; et l'on est presque surpris
de voir cette dernière restriction admise aussi par
Rousseau (27), ce hardi novateur, ce commensal
assidu du fameux baron d'Holbach.

Nous sommes plus libéraux de nos jours.

Ce n'est qu'en 1789, vous le savez, que fut nette-
ment et légalement consacré le principe de la
liberté de conscience.

Pourtant la lutte n'était pas encore terminée, et
les temps modernes ont vu la Restauration, abusée
par des influences néfastes, essayer d'arracher au
genre humain sa laborieuse conquête, et revenant
aux errements anciens, ressusciter les vieilles or-
donnances de saint Louis et les édits de 1666 et de
1681 sur le blasphème.

La *loi du sacrilège* votée en 1825, abrogée en
1830, mêlant le spirituel et le temporel, faisait

---

27. *Contrat social*, ch. De la Relig. civile.

tomber sous le coup de la justice humaine les atteintes à la foi. — Le vol dans une église était puni de mort, la profanation des hosties entraînait la peine des parricides.

Il faut lire, Messieurs, l'éloquente protestation de *Royé-Collard* ; il faut lire aussi l'admirable plaidoyer de Chateaubriand combattant cette loi funeste au nom même de la religion.

Je ne veux pas traiter ici des questions irritantes sachant bien qu'un discours de rentrée n'est pas une profession de foi politique, mais en parlant de la liberté de conscience, comment se défendre d'amères réflexions sur l'heure présente.

Triste spectacle que celui d'un Etat, qui, au lieu d'accorder aux cultes une égale protection, ne leur accorde au contraire qu'une égale oppression au profit de la libre pensée !

Lorsque le législateur se plaît à saper à coups de lois ou de décrets l'édifice des croyances religieuses, lorsque, sous un faux prétexte de liberté, il porte atteinte à la liberté elle-même, n'est-ce pas alors un devoir impérieux pour nous de lutter énergiquement contre de pareilles tendances !

Mais, arrêtons-nous, Messieurs, dans ces douloureuses protestations ; en jugeant sévèrement le fanatisme religieux, nous croyons avoir acquis le droit de flétrir sans pitié tout excès contraire.

Le sang des martyrs ne coule jamais en vain, a-t-on dit, or comme la science le Droit a ses martyrs.

---

28. Discours de rentrée devant les Cours de Nancy, 1885.

C'est à eux que nous devons le progrès, le progrès au triomphe duquel nous avons foi malgré les victoires répétées de la sottise et du mal.

Nous pourrions, Messieurs, continuer cette étude, et, faisant la genèse de nos Institutions, vous montrer les assauts qu'elles ont eu à soutenir, les obstacles qu'elles ont dû briser avant d'arriver à conquérir leur place dans notre droit positif.

Ce que je viens de dire hâtivement de la liberté de conscience, M. l'avocat général Bourgeois (28) l'a dit éloquemment, il y a un mois à peine, de la liberté d'écrire.

« Pour secouer le joug et entrer en possession « de la liberté d'écrire, la plus précieuse de toutes, » s'écrie l'auteur, « il a fallu engager bien des « luttes, subir bien des épreuves, semer sur le « chemin parcouru bien des victimes. »

A ce noble combat pour l'affranchissement de la pensée sont attachés les noms respectés des Mirabeau, des Benjamin Constant, des Lamenais, des Montalembert!

Déjà, au XVIe siècle, Pierre de l'Estoile écrivait : « Il est aussi peu en la puissance de toute faculté terrienne d'engarder la liberté française de parler, comme d'enfouir le soleil en terre et de l'enfermer en un trou ». Cette prophétie du vieux chroniqueur, la loi de 81, savamment commentée par mon devancier (29), est venue la réaliser.

Combien de semblables réflexions ne nous inspi-

---

29. Me L. Dulac : Thèse de doctorat.

reraient pas, Messieurs, ces grandes conquêtes que l'histoire du droit peut enregistrer : la liberté du travail, de l'industrie, la libre disposition de la propriété foncière, l'adoucissement progressif de la puissance paternelle et maritale!

Prenons, en effet, la civilisation romaine, la plus parfaite de l'antiquité; prenons ce peuple romain en qui se réunit, comme en un foyer lumineux, les rayons dispersés de l'Humanité, suivant la belle expression d'Huschke (30) : que d'entraves de toutes sortes apportées par la législation aux actes les plus naturels, voire même les plus insignifiants de la vie !

« Les Romains, » dit Plutarque, « ne croyaient pas « qu'on dût laisser à chaque particulier la liberté « de se marier, d'avoir des enfants, de choisir un « genre de vie, de faire des festins, enfin de suivre « ses désirs et ses goûts. »

Pour arriver à reconnaître, Messieurs, l'autonomie de l'individu sous la tutelle douce de la loi, il a fallu dépenser plus de temps et plus d'efforts que pour découvrir les règles mystérieuses de la gravitation universelle.

Mais il faut nous borner, et ce travail, que nous n'osons entreprendre ici, votre esprit, évoquant des souvenirs récents encore, le fera sans peine.

« La marche des idées morales dans le temps est encore plus merveilleuse à suivre que le cours des astres dans l'espace, » s'écrie Ihering, dans son bel ouvrage sur l'Esprit du Droit.

---

30. *Constitution de Servius-Tullius*, préf., p. 17.

Rien n'est plus vrai, Messieurs. Le jurisconsulte est un peu comme l'astronome et le champ de ses investigations est non moins vaste, non moins majestueux. Mais tandis que les corps célestes se meuvent régulièrement sans qu'aucun obstacle vienne arrêter ou retarder leur course, les idées morales, avant d'arriver à se réaliser dans le droit positif d'un peuple, se heurtent continuellement à ces redoutables barrières que l'ignorance, les préjugés et l'obstination des hommes dressent sur leur chemin.

Nous venons, Messieurs, de montrer le Droit acquis au prix de l'effort; il nous reste maintenant à prouver que notre devoir nous commande de le conserver par la lutte; et ici nous entrons dans la partie pratique du sujet.

Nous nous plaçons au moment où le Droit est enfin réalisé; des Tribunaux sont institués avec la mission de le faire respecter, des pénalités sont édictées contre quiconque en violera les prescriptions.

Mais, pour mettre en mouvement les organes chargés de réparer, au nom de la loi, les préjudices causés, le lésions subies, les injustices souffertes, il faut recourir au procès. Le procès c'est le seul moyen actuel de faire reconnaître son droit. La loi de Lynch, le cartel, le droit manuaire ne sont plus aujourd'hui dans nos mœurs.

Lorsqu'un individu se voit atteint dans ses droits; sa réputation, sa fortune ou sa personne, il se pose aussitôt la question suivante : « Faut-il agir? » Il a en somme à choisir entre la lutte, c'est-à-dire le procès, et le repos, c'est-à-dire l'abandon de son droit.

Mais quelles règles vont présider à sa décision ? Quel en sera le criterium ?

On pourrait affirmer que cet individu prendra le parti le plus conforme à son intérêt, et qu'il op- tera pour le sacrifice qui lui semblera le moins onéreux, mesurant la résistance à déployer contre l'injustice qui le dépouille à la valeur vénale et matérielle de l'objet en litige.

Pourtant, Messieurs, quelqu'un qui raisonnerait comme je viens de le faire risquerait fort de se tromper.

Nous voyons en effet fréquemment porter devant les Tribunaux des prétentions dont le triomphe même ne saurait compenser les sacrifices que les parties se sont volontairement imposés.

Je pourrais ici citer bien des exemples de ces procès fantastiques dans lesquels les impenses faites se trouvaient hors de proportion avec l'in- térêt en jeu, mais je craindrais d'être entraîné trop loin ; d'ailleurs votre expérience personnelle me dispense d'insister sur ce point.

Comment expliquer de pareils phénomènes! Faut- il considérer ces faits comme des exceptions, des anomalies, des cas pathologiques! Faut-il invoquer pour les besoins de la cause cette monomanie ins- tinctive de la chicane dont on s'est moqué si sou- vent et parfois spirituellement sur le théâtre (31).

---

31. Par ex. Les Plaideurs de Racine.

Mais de semblables explications seraient bien peu plausibles, bien peu satisfaisantes!

Un auteur digne de foi rapporte qu'un juge, désireux de se débarrasser des réclamations minimes qui encombraient son rôle d'audience offrait aux parties de les désintéresser de ses propres deniers; et il éprouvait, paraît-il, un naïf étonnement mêlé de dépit, lorsqu'il voyait ses avances repoussées.

C'est que, Messieurs, on n'intente pas toujours un procès poussé par je ne sais quelle misérable question d'intérêt: le mobile auquel on obéit, le but qu'on se propose est parfois plus noble et plus élevé.

Ce qu'on veut, c'est obtenir justice : c'est faire reconnaître envers et contre tous son Droit ! Ce qu'on veut, c'est réprimer la coupable audace de ceux qui ont attenté à la majesté de la loi ; c'est en un mot défendre et conserver intacte sa personnalité dont la condition est le droit, ainsi que nous l'avons démontré plus haut.

Toute lésion de droit, si minime qu'elle soit en apparence, diminue en effet et amoindrit notre personnalité.

La résistance est dès lors un devoir.

Pourtant, Messieurs, ce que je viens de dire ne doit pas s'interpréter dans un sens étroit. — Les rapports des hommes entre eux, et l'antagonisme des intérêts amènent parfois des froissements qui doivent être adoucis par beaucoup de tolérance, loin d'être irrités par une susceptibilité ombrageuse, jalouse des plus légers, voire même des plus involontaires empiètements.

Nous devons donc distinguer soigneusement deux espèces d'injustice : l'injustice inconsciente, *ingénue*, comme le disait Hegel, qui n'implique pas de révolte contre l'idée du droit : et l'injustiee coupable à laquelle nous déclarons ici une guerre implacable, sans trève ni merci.

Avec cette dernière la transaction serait une faiblesse, le désistement une lâcheté !

Peu importe, d'ailleurs, que l'atteinte soit dirigée contre notre corps, ou simplement contre notre patrimoine, notre propriété, en vertu de ce lien intime qui existe entre la personne et ce qu'elle possède.

Non ! celui qui nous lèse dans notre propriété ou dans notre patrimoine nous lèse par cela même dans notre propre personne. Qu'est-ce en effet que notre propriété, si ce n'est notre personnalité qui s'étend aux choses du monde extérieur! Qu'est-ce que notre patrimoine, si ce n'est une extension, un prolongement de nous-même! L'œuvre est étroitement assimilée à l'ouvrier dont elle est une véritable émanation.

Quiconque s'attaque à notre propriété insulte à notre personnalité. C'est la paraphrase de ce mot profond de Locke: « Il ne saurait y avoir d'injure où il n'y a point de propriété ». Une pareille proposition peut, au premier abord du moins, paraître paradoxale, mais l'histoire du droit est là pour la justifier.

L'injure faite à l'esclave, vous ne l'ignorez pas, rejaillissait sur le maître. Lui seul était légalement censé la ressentir; lui seul aussi avait l'action.

Voyez également au moyen âge. Toute atteinte à la propriété privée était considérée comme une offense, comme un véritable outrage à la personne du propriétaire. Aussi l'individu descendait-il volontiers dans la lice pour y défendre, l'épée à la main et au péril de sa vie, ses intérêts pécuniaires. Assurément, il ne combattait pas alors pour la valeur futile de l'objet, mais il sentait instinctivement que son existence morale était en jeu et qu'en défendant sa propriété, il se défendait lui-même.

Mais, dira-t-on encore, l'homme n'est-il pas libre de disposer de ses biens comme de sa personne, de sacrifier ses droits, si tel est son bon plaisir ; en un mot, de préférer la paix à la guerre et le repos aux ennuis d'une lutte sans avantages ?

Nous répondrons hardiment : non, l'homme n'est pas libre de céder à l'injustice par déplaisir de la lutte (32) : en le faisant, il commet un véritable suicide moral. tout aussi blâmable, tout aussi répréhensible que le suicide physique.

En abandonnant sans combat son Droit, par apathie, paresse, ou lâcheté, l'homme se rend indigne des immenses efforts dépensés pour la réalisation de ce Droit qu'il néglige. Le Droit, nous l'avons longuement démontré, a coûté bien des labeurs, bien des larmes, bien du sang à l'Humanité ; c'est un héritage péniblement amassé, que

---

32. Un philosophe, Herbart, découvre précisément le fondement du Droit dans cette cause esthétique : *Le déplaisir de la lutte.*

nos pères nous ont transmis, et nous commettrions un crime en le dissipant.

Je ne veux pas, Messieurs, m'appesantir sur cette idée, dont l'évidence brille à tous les yeux, mais vous conviendrez tout au moins avec moi qu'un individu qui laisserait violer, par une puissance quelconque, par incurie ou par peur, sa liberté personnelle ou sa liberté de conscience, commettrait un acte véritablement insensé et odieux. Il suffit de généraliser.

Je rappelle que l'art. 11 de la Déclaration des droits de l'homme invitait chaque citoyen à se défendre même par la force, contre tous actes illégaux ou arbitraires émanés de l'autorité (33).

Si le combat pour le Droit est en effet un devoir que nous avons envers nous-mêmes, c'est également, Messieurs, un devoir que nous avons envers autrui.

En désertant cette noble lutte, c'est la cause commune que nous désertons, oublieux du grand principe de la solidarité humaine.

La loi est en effet placée comme en dépôt dans le cœur de chaque citoyen. En nous conférant un droit, la société nous impose tacitement, implicitement l'obligation de faire valoir ce droit, et de le protéger contre toute attaque.

1° *De le faire valoir*, Messieurs, parce qu'un principe légal dont nul n'a souci, tombe fatalement

---

33. Voir les plaidoyers d'Odilon Barrot et d'Armand Carrel (Sir. 1832, 2. 178).

en désuétude. A Rome, vous le savez, le *non usus* était une cause d'abrogation des lois, et si notre Code ne reproduit pas une pareille disposition c'est qu'elle était inutile.

L'indifférence publique est l'écueil contre lequel viendra toujours se briser la volonté la plus arrêtée du législateur.

Vainement objectera-t-on que la réalisation effective des principes abstraits du droit pénal et du droit public est abandonnée à la vigilance d'un corps de fonctionnaires spécialement choisis, car, il ne saurait y avoir de doute sur ce point, si chacun se désintéressait entièrement de l'administration de la justice, la tâche du ministère public deviendrait difficile pour ne pas dire impossible.

D'ailleurs, l'application pratique des règles posées par le droit privé dépend exclusivement de l'activité et de l'initiative des particuliers; s'ils restent inactifs, soit par amour de leurs aises, soit par une terreur immodérée du procès, le Droit se verra réduit à l'impuissance.

C'est notre seule volonté en effet qui peut ériger en règle les idées juridiques abstraites.

2° *De le protéger contre toute attaque.* Qu'est-ce en effet que le Droit? Bastiat le définit : « L'organisation collective de la légitime défense, » et cette définition implique l'idée d'un travail commun, auquel toute la nation est appelée à concourir, d'une lutte générale engagée contre l'injustice et l'arbitraire sur le terrain du droit privé.

Fuir au moment du combat c'est le fait du lâche.

« Pour juger de la moralité d'une action »,
dit Kant, « il faut examiner si elle peut revêtir
la forme d'un principe de législation universelle (34). »

Eh bien ! Messieurs, je le demande, qu'arrive-
rait-il si chacun laissait violer ses droits sous prétexte que son intérêt, sagement entendu, lui commande l'inaction ! Ne serait-ce pas alors encourager
l'audace de cette armée innombrable des gens sans
aveu, comme sans scrupule !

L'impunité leur serait assurée, la répression de
l'injustice dépendant uniquement de la quotité du
préjudice souffert, de la situation ou du tempéra-
ment de la victime !

Avec un pareil système, faisant à la fraude une
part si belle, nous verrions bien vite s'émousser et
disparaître cet amour inné du juste, ce sentiment
ardent de la légalité, signes infaillibles auxquels
se reconnaissent les grands peuples.

Jetons les yeux sur le peuple romain !

Un des traits saillants du caractère national,
c'est le respect absolu de la loi. Toute lésion de
droit apparaissait au citoyen comme un outrage,
une offense à la dignité et à l'honneur de l'Etat.
Nulle part ailleurs le principe de la solidarité ne
fut poussé plus loin : la nation toute entière se
levait pour venger l'injustice commise envers le
plus humble de ses membres.

C'est par une violation de droits privés que

---

34. Kant : *Critique de la raison pratique.*

tomba la royauté avec Tarquin (35), le décemvirat avec Appius (36).

Pour faire triompher le Droit, aucun sacrifice ne coûte; les considérations les plus puissantes, les sentiments les plus enracinés dans les cœurs sont oubliés, comprimés, refoulés.

Brutus assiste, impassible, au supplice de ses propres enfants, et sa main écarte doucement un ami qui cherchait à lui cacher la hache ensanglantée.

A Rome, le Droit est inébranlable comme ces rochers de granit! Devant lui tout plie et se courbe sans murmure.

« *Leges rem surdam, inexorabilem esse, nihil laxamenti nec veniæ habere, si modo exerceris* », dit, non sans raison, Tite-Live (37).

Cette réalisation implacable du Droit est une des causes principales de la grandeur de la République romaine, car elle assurait à chacun une entière sécurité juridique, une énergique protection contre l'arbitraire.

Pour avoir fait périr sans jugement Catilina et ses complices, Cicéron, le sauveur et le père de la patrie, se vit misérablement chassé de Rome par un plébiscite.

Dans les limites de son droit le citoyen se sentait inviolable, à l'intérieur, comme dans les pays

---

35. Attentat de Sextus sur Lucrèce.

36. Meurtre de Sicinius Dentatus. — Attentat contre Virginie.

37 Tite-Live : l. II, t. III.

alliés. De là ce magique effet produit jusqu'aux extrémités de la terre par ces mots orgueilleux : « *Civis sum romanus.* »

Cette confiance, cette foi absolue qu'avait l'individu dans la toute-puissance de ses institutions exaltait au plus haut point le sentiment de sa dignité, sans lequel le patriotisme n'est plus qu'un vain mot.

A ce point de vue, on peut dire que le peuple anglais a recueilli l'héritage de Rome. — L'Anglais se distingue par une admiration assurément un peu outrée de ses vieilles coutumes, mais surtout par son amour passionné de la légalité, par son respect de la loi. Tout le monde connaît l'exemple célèbre de ce bourgeois anglais, Hampden, lequel aima mieux perdre ses richesses et se laisser condamner par les Tribunaux de son pays, que de payer une taxe illégalement établie (38).

Lorsqu'un pays défend aussi énergiquement ses droits, il n'a rien à craindre de l'arbitraire de ses gouvernants ; la certitude de rencontrer une résistance ferme et résolue désarmera toujours l'injustice.

Ce trait significatif du caractère national se manifeste même dans les plus petits détails de la vie pratique. Nul ne défend sa propriété et son bien avec plus d'opiniâtreté que l'Anglais ; l'exiguïté de l'intérêt en jeu ne l'arrêtera jamais dans une légitime revendication.

---

38. Taxe des vaisseaux illégalement établie par Charles Ier.

L'histoire du développement politique de l'Angleterre est là tout entière.

Je devrais peut-être, Messieurs, dresser ici, permettez-moi l'expression, un état sanitaire du sentiment légal dans notre chère patrie; mais, outre qu'une pareille tâche me semble bien délicate, je me juge d'avance enclin à trop de partialité. Pour excuse j'invoquerai cette vieille maxime souvent méconnue : *Nemo judex esse potest in rem suam.*

Si l'énergie et la vitalité d'un peuple dépendent de la verdeur de sa sensibilité légale, on peut également affirmer, Messieurs, que la décadence et la ruine sont la triste punition des sociétés, chez lesquelles la conception du juste s'est atrophiée, chez lesquels l'individu s'est accoutumé à supporter avec résignation les fantaisies de l'arbitraire.

Comment concevoir, en effet, qu'une nation puisse conserver encore assez de dignité pour ressentir un affront, assez de courage pour venger une humiliation, alors que chacun de ses membres, pris isolément, n'a même pas la force morale nécessaire pour résister à l'injustice qui l'atteint personnellement.

Prenons comme exemple les Hindous. Courbés servilement sous une autorité qui n'a pour règle que son caprice, leurs ressorts moraux se sont brisés à tel point, que l'idée même de résistance leur paraît inconnue. Avant la conquête anglaise, la suprême ressource des populations contre la tyrannie des radjahs, était de se réunir silencieu-

sement devant le palais du maître et de s'y laisser
mourir de faim si le pouvoir ne cédait pas (39).

Quel spectacle de faiblesse ne donne pas aussi
au monde cet immense Empire du Milieu !

L'énervement singulier du caractère national
est dû aux institutions elles-mêmes, aux institutions qui se sont uniquement inquiétées du développement intellectuel de l'individu, sans songer
à relever en même temps son niveau moral !

Toute initiative personnelle est paralysée, l'obéis-
sance passive et irraisonnée aux agents de l'Etat
étant considérée comme une vertu civique.

La grande préoccupation des Chinois actuels est
de ne point se compromettre ; et cette lâche tendance se traduit par un dicton qu'ils ont toujours
à la bouche dans les circonstances difficiles :
« Rapetisse ton cœur (40). »

Incapables de se défendre eux-mêmes contre
l'injustice et l'arbitraire, ils sont également incapables de s'élever aux conceptions généreuses qui
font un devoir à l'homme de se sacrifier par pur
amour de l'intérêt général.

Le citoyen d'ailleurs n'a guère souci de sa
dignité (41), dont le prestige s'est singulièrement
altéré sous le régime démoralisant de la baston-
nade qui n'épargne personne. Pour une sentence
erronée, rendue même en appel, le juge est bâ-

---

39. Voir Héber : *Histoire universelle des Voyages.*
40. Huc : *L'Empire chinois*, 1-246.
41. V. Prejévalsky. *Mongolia*, II, 130.

tonné(42). Le bâton joue un rôle considérable dans l'administration du Céleste Empire !

Pardonnez-moi, Messieurs, cette érudition exotique, mais il m'a paru intéressant de comparer les hautes destinées des pays qui se sont appliqués à exalter le sentiment de la personnalité individuelle, avec la lamentable faiblesse des nations qui se sont plu au contraire à le ravaler.

L'activité d'un peuple à réaliser dans son droit positif les idées morales qu'une notion supérieure d'ordre et de justice lui ont révélées, son opiniâtreté à les défendre, une fois réalisées, sont un sûr présage de grandeur.

A Rome, le poète Virgile pouvait, avec raison, s'écrier :

Te regere imperio populos, Romane, memento.

Ihering, Messieurs, termine la remarquable étude, dans laquelle j'ai puisé l'idée mère de ce discours, par une dissertation psychologo-juridique sur l'irritabilité du sentiment légal dans les diverses classes de la société.

Il construit un véritable thermomètre de cette irritabilité, thermomètre dans lequel, relativement à l'honneur, l'officier occupe le degré le plus élevé, la température de l'eau en ébullition, si je puis m'exprimer ainsi ; tandis que l'humble paysan est relégué au point du zéro, température de la glace fondante ! Le commerçant est entre les deux, sans

---

42. Huc, II, p. 301.

qu'on puisse dire pour cela : *In medio stat virtus.*
En ce qui concerne la propriété, c'est, au contraire,
le paysan qui se trouve placé en haut de l'échelle
graduée. — Dans les questions touchant au crédit,
le commerçant reprend l'avantage.

Ceci nous permet une fois de plus d'affirmer que
l'individu attaqué défend dans son droit les condi-
tions mêmes de son existence morale; la réaction
contre l'injustice, qui nous lèse dans un de nos
droits, est d'autant plus vive et spontanée que le
droit méconnu nous est plus cher et qu'il est plus
nécessaire au but assigné à notre vie.

Nous ne voulons pas discuter ici, Messieurs, la
sensibilité de cet instrument de précision, destiné
à mesurer exactement nos colères et nos révoltes
en présence d'une atteinte à notre droit; mais qu'il
nous soit permis de relever une omission.

Ihering passe complètement sous silence l'avocat. Pourtant la situation, l'expérience du savant
jurisconsulte allemand lui auraient singulièrement
facilité cette tâche.

Dans la lutte pour le Droit, le Barreau n'occupe-
t-il pas en effet un des plus nobles rangs! N'avons-
nous pas, nous aussi, énergiquement combattu
pour réaliser ces règles professionnelles, qui for-
ment notre garantie, notre constitution!

Certes, nul Ordre mieux que le nôtre ne sait
défendre ses traditions, héritage d'honneur qui se
transmet de proche en proche; nul Ordre ne sait
mieux défendre ses droits!

L'autorité est envahissante, c'est là une vérité

d'expérience. Pour faire respecter la dignité de son ministère, les prérogatives de la libre défense contre des abus de pouvoirs possibles, surtout dans les procès politiques, il faudra parfois à l'avocat beaucoup de courage et de fermeté. Jamais cependant, Messieurs, les annales de notre Ordre n'ont eu à enregistrer un acte de faiblesse !

Nous pouvons dire fièrement qu'on ne saurait trouver aucune souillure sur l'hermine de nos toges !

C'est ce soin jaloux de sa dignité qui a fait la grandeur du Barreau, Messieurs ! C'est là notre plus beau titre de gloire !

Arrivé à la fin de notre tâche, jetons un rapide coup d'œil sur le chemin parcouru.

J'ai essayé de vous montrer le droit acquis au prix de l'effort, et se rapprochant, tous les jours, grâce au patient labeur des individus, de cet idéal rêvé, de cette justice absolue, entrevue par de puissantes intelligences, et que notre législation moderne a su partiellement réaliser, après des siècles de souffrances et de combats.

J'ai ajouté que ces souffrances étaient sans cesse renaissantes, et cette lutte éternelle : et qu'il était de notre devoir de conserver, d'augmenter même par un effort constant cet inappréciable héritage des générations passées.

En combattant pour son droit, l'homme ne combat pas seulement pour une mesquine question d'intérêt, mais pour son existence morale, et pour la société. Il contribue suivant ses forces faibles ou grandes à relever encore la conscience humaine, à ennoblir cet être immortel et sacré qui s'appelle l'Humanité.

Voilà ce qui fait la poésie de cette lutte ! Voilà ce qui l'élève à une hauteur idéale !

Aussi, Messieurs, malgré l'âpreté apparente des théories que nous avons soutenues, il n'en est guère de plus salutaires à l'heure où nous sommes.

Ne blâmons pas cependant avec trop d'amertume l'esprit de renoncement et de sacrifice même dans ses dévouements les plus incompréhensibles; saluons ces vaincus de la vie qui tombent sans une révolte, sans une plainte ! Donnons-leur toute la pitié de notre cœur; mais réservons notre admiration et notre enthousiasme pour ceux qui travaillent au triomphe du Droit, alors même qu'ils ne paraissent lutter que pour leur droit personnel.

Souvenons-nous que l'énergie, avec laquelle un peuple réagit contre l'injustice et l'arbitraire, est un indice certain de sa virilité et de sa valeur morale.

Souvenons-nous aussi que pour nous le Droit c'est la justice réalisée, toute loi injuste devant fatalement disparaître; que combattre pour le Droit c'est en somme, dans l'infime mesure des forces humaines, préparer le triomphe définitif de l'immuable Justice, que nous appelons tous les jours dans la plus sublime des prières, le triomphe de l'éternelle Vérité et de l'éternelle Sagesse, le règne de Dieu !

Imprimerie MOUGIN-RUSAND, rue Stella, 3, Lyon.

www.ingramcontent.com/pod-product-compliance
Ingram Content Group UK Ltd.
Pitfield, Milton Keynes, MK11 3LW, UK
UKHW020040080726
13614UKWH00004B/1872